BEI GRIN MACHT SICH IHR WISSEN BEZAHLT

- Wir veröffentlichen Ihre Hausarbeit,
  Bachelor- und Masterarbeit

- Ihr eigenes eBook und Buch -
  weltweit in allen wichtigen Shops

- Verdienen Sie an jedem Verkauf

Jetzt bei www.GRIN.com hochladen und kostenlos publizieren

Grundlagen des Marketing. Preismanagement, Strategische Analysemethoden, Corporate Identity, Digitalisierung

Joline Tismar

Bibliografische Information der Deutschen Nationalbibliothek:

Die Deutsche Nationalbibliothek verzeichnet diese Publikation in der Deutschen Nationalbibliografie; detaillierte bibliografische Daten sind im Internet über http://dnb.d-nb.de abrufbar.

ISBN: 9783346365965
Dieses Buch ist auch als E-Book erhältlich.

© GRIN Publishing GmbH
Nymphenburger Straße 86
80636 München

Druck und Bindung: Books on Demand GmbH, Norderstedt Germany
Gedruckt auf säurefreiem Papier aus verantwortungsvollen Quellen

Das vorliegende Werk wurde sorgfältig erarbeitet. Dennoch übernehmen Autoren und Verlag für die Richtigkeit von Angaben, Hinweisen, Links und Ratschlägen sowie eventuelle Druckfehler keine Haftung.

Das Buch bei GRIN: https://www.grin.com/document/994701

Deutsche Hochschule für
Prävention und Gesundheitsmanagement
Hermann Neuberger Sportschule 3
66123 Saarbrücken

Einsendeaufgabe

Fachmodul:	Marketing 2
Studiengang:	Fitnessökonomie
Datum Präsenzphase:	27.01. – 30.01.2020
Name, Vorname:	Tismar, Joline
Studienort:	**Köln**
Semester:	**WS 2017**

Inhaltsverzeichnis

1   Preismanagement und Kooperation

1.1 Kostenorientierte Preisbildung

Um einen kostenorientierten Mitgliedsbeitrag pro Monat (brutto) zu berechnen wird das Zuschlagverfahren genutzt. Bei diesem Verfahren wird den vorliegenden Herstellungskosten des Produkts ein Gewinnaufschlag hinzugerechnet (Dunker, 2006, S.52). Mit einzurechnende Parameter sind in diesem Fall: Fixkosten (850.000€ pro Jahr, netto), variable Kosten (14,50€ pro Person, pro Monat, netto), 2.400 Mitglieder und der angesetzte Gewinnzuschlag von 15%. Als erstes werden die monatlichen Fixkosten (netto) berechnet: 850.000€:12 = 70.833,33€. Anschließend werden die einzelnen Parameter in die Formel zur Berechnung der Stückkosten (Stückkosten=k_v+$\frac{Kf}{Menge}$) eingesetzt: 14,50€+$\frac{70.833,33€}{2.400}$=44,01€. Zu diesem Stückpreis, also einem Mitgliedsbeitrag pro Monat um alle Kosten zu decken, wird nun der angesetzte Gewinnzuschlag von 15% zuaddiert: 44,01€*1,15=50,61€. Der zuvor berechnete Preis ist der Nettopreis eines Mitgliedsbeitrags pro Monat um einen Gewinn von 15% zu erwirtschaften. Nun werden die 19% Steuern mit eingerechnet: 50,61€*1,19=60,23€. Der anhand des Zuschlagverfahren berechnete kostenorientierte Preis für einen Mitgliedsbeitrag pro Monat (brutto) beträgt also 60,23€.

1.2 Konkurrenzorientierte Preisbildung

Bei der konkurrenzorientierten Preisbildung wird sich ausschließlich an den bestehenden Preisen der vorhandenen Mitbewerber orientiert, ohne dabei Rücksicht auf die für das Unternehmen anfallenden Kosten oder die bestehende Nachfrage zu nehmen (Weis, 2012, S.388). Im Rahmen dieser Preiskalkulation wird die Premium Health Ltd. trotz Neueröffnung eines günstigeren Konkurrenten den Preis nicht nach unten anpassen. Sie reagiert so darauf, dass die Service- und Dienstleistungsorientiertheit des Unternehmens klar nach außen kommuniziert wird (bspw. durch Überarbeitung der Flyer) und mit diesem Erfolgspotenzial geworben wird. Nach Kotler, Armstrong, et al. (2007, S.768) machen viele Unternehmen im Bereich der Preispolitik häufig den Fehler, dass sie ihre Preise zu schnell nach unten anpassen um einen hohen Verkauf zu generieren, anstatt dem Käufer die Wertigkeit des Produktes und somit die Rechtfertigung des Preises klarzumachen. Dadurch, dass der Preis nicht nach unten angepasst wird, wird dieser Fehler vermieden und nach Dunker (2006, S.61) die Qualitätsführerschaft angestrebt. Der Preis wird zusätzlich von den Kunden als Qualitätsmerkmal aufgefasst, bei einer Preissenkung könnten die bestehenden Mitglieder und die potenziellen Neukunden verunsichert werden, ob die hohe Service- und Dienstleistungsqualität noch besteht. Um das Vorhaben der Erreichung der Qualitätsführerschaft zu unterstützen stellt die Premium Health Ltd. einen weiteren Trainer ein, damit die Trainerpräsenz auf der Trainingsfläche erhöht wird, um der Dienstleistungs- und Serviceorientiertheit gerecht zu werden und dieses Erfolgspotenzial weiter auszubauen.

1.3 Psychologische Auswirkungen des Preises / Preisdifferenzierung

Aufgrund der bekannten Informationen über die psychologischen Wirkungen von Preisen würde ich dem Vorschlag des befreundeten Beraters nicht folgen und nicht mit einem „Knüller-Angebot" für Senioren und Schüler, das deutlich unter meinen Preisvorstellungen liegt, in den deutschen Markt einsteigen. Nach Kotler & Bliemel (2006) werden Produkte mit hohen Preisen als hochwertiger eingestuft und so sind die Kunden bereit den höheren Preis zu bezahlen. Das Unternehmen hat sich am deutschen Fitnessmarkt noch nicht etabliert und würde sich durch den Einstieg mit einem extrem günstigen Angebot unter Wert verkaufen. Außerdem schätze ich diesen Vorschlag nicht als sinnvoll ein, da es sich bei Senioren und Schülern um zwei völlig unterschiedliche Zielgruppen handelt.

Für das Unternehmen Premium Health Ltd. wären folgende Arten der Preisdifferenzierung sinnvoll: räumliche (regionale) Preisdifferenzierung, zeitliche Preisdifferenzierung, personelle Preisdifferenzierung, Preisdifferenzierung nach Produktvarianten und mengenmäßige Preisdifferenzierung (Dunker, 2006). Ich entscheide mich für die mengenmäßige Preisdifferenzierung mit dem Kriterium der Laufzeit. Das bedeutet, dass es bei der Wahl einer längeren Laufzeit einen Rabatt gibt, diese ist, verglichen mit einer kürzeren Laufzeit, günstiger. Die Preise beider Laufzeiten sollten zwischen Preisunter- und – obergrenze liegen. Der günstigste Preis sollte relativ mittig zwischen den beiden Grenzen liegen um die Produktkosten in jedem Fall zu decken und mit den Konkurrenzpreisen mithalten zu können. Der höchste Preis sollte kurz vor der Preisobergrenze liegen um stetig zu gewährleisten, dass die Nachfrage bestehen bleibt und somit der Wert unserer Leistung deutlich wird. Der Preis sollte sich an dem Wertempfinden der Käufer orientieren.

1.4 Preiselastizität der Nachfrage

Zur Entscheidungstreffung über eine Preiserhöhung wird die Berechnung der Preiselastizität genutzt, denn die Preiselastizität gibt nach Dunker (2006, S.44) die relative Änderung der Nachfrage bei einer geringen Preisänderung an. Die Preiselastizität der Nachfrage wird mit folgender Formel berechnet: $(\varepsilon)=\frac{\ddot{A}nderung\ der\ Menge\ in\ \%}{\ddot{A}nderung\ des\ Preises\ in\ \%}$.

Die Menge der Mitglieder würde sich in diesem Beispiel bei der angestrebten Preiserhöhung laut Marktforschung von 2200 Mitgliedern auf 2000 Mitgliedern ändern.

Die prozentuale Änderung der Menge wird wie folgt berechnet: (2000*100)/2200=90,91%; 100%-90,91%=9,09%. Der Preis soll von 54,99€/Monat auf 60,99€/Monat angepasst werden, dies entspricht einer Änderung von 10,91% (Änderung des Preises in %: (60,99*100)/54,99=110,91). Die zuvor berechneten Werte werden nun in die Formel zur Berechnung der Preiselastizität der Nachfrage eingesetzt und diese berechnet: $(\varepsilon)=\frac{9,09\%}{10,91\%}$, (ε)=0,83. Die errechnete Elastizität beträgt 0,83, ist kleiner 1, daher handelt es sich hier um eine unelastische Nachfrage. Eine unelastische Nachfragesituation bedeutet, dass es bei einer 1-prozentigen Preisänderung zu einer weniger als 1-prozentigen Mengenänderung kommt. Diese Situation ist für die Premium Health Ltd. sehr gut, denn je unelastischer die Nachfrage reagiert, desto mehr lohnt es sich für ein Unternehmen, da es dann mehr Umsatz macht. Da die Premium Health Ltd. sehr Service- und Dienstleistungsorientiert ist, ist der Preis durch die Qualität der Leistung gerechtfertig.

2 Strategische Analysemethoden

2.1 Five-Forces-Modell

Bei der Analyse des Unternehmens Freeletics mit Hilfe des Five-Forces-Modells nach Porter werden fünf unterschiedliche Wettbewerbskräfte betrachtet, die die Rentabilität und die Marktattraktivität beeinflussen (Porter, 2000, S.29). Bei diesen fünf Kräften handelt es sich um die Verhandlungsstärke gegenüber den Lieferanten, die Verhandlungsstärke gegenüber den Kunden, die Bedrohung durch Ersatzprodukte, die Bedrohung durch neue Anbieter und die Rivalität der Wettbewerber der Branche (Bea & Haas, 2013, S.99). Die Bewertung der Analyse erfolgt in diesem Fall durch ein Ampelsystem, wobei „grün" als positiv, „gelb" als mittelmäßig und „rot" als negativ zu interpretieren ist.

Die erste auf Freeletics wirkende Wettbewerbskraft ist die Verhandlungsstärke gegenüber den Lieferanten. Diese Kraft lässt sich als grün, also als positiv, einstufen. Da Freeletics ausschließlich online arbeitet, sind sie nicht bzw. nur kaum auf Lieferanten angewiesen. Sie sind nicht abhängig von Zulieferern für bspw. Fitnessgeräte, Supplements o.Ä., da sie solche Produkte aufgrund ihres Angebotes nicht benötigen. Das Unternehmen Freeletics befindet sich hinsichtlich der Verhandlungsstärke gegenüber den Kunden in einer schlechten Position, deshalb wird diese Kraft mit rot bewertet. Auf dem Markt gibt es sehr viele Mitbewerber, viele Alternativen zu Freeletics. Der Kunde ist somit in der Position zu vergleichen und das für sich attraktivste Angebot zu wählen, der Vertrieb des Produktes von Freeletics erfolgt ausschließlich über das Internet mit stetig gleichbleibenden Preisen. Die Bedrohung durch Ersatzprodukte für Freeletics ist ebenfalls sehr hoch, sodass sich auch die dritte Kraft als rot einstufen lässt. Zu den Ersatzprodukten lassen sich bei dem Angebot von Freeletics jegliche sportliche Aktivitäten zählen, Beispiele dafür sind: ein Besuch im herkömmlichen Fitnessstudio, Youtube Workouts, Sportvereine, joggen gehen. Auch die vierte Wettbewerbskraft lässt sich mit rot bewerten, da die Bedrohung durch neue Anbieter ebenfalls sehr hoch ist. Es ist sehr wahrscheinlich, dass es schnell neue Mitbewerber gibt, da die Markteintrittsbarriere sehr niedrig ist. Zur Entwicklung einer Fitness-App braucht man lediglich einen Programmierer, dessen Beschäftigung nicht besonders kostenintensiv ist, sowie einen Trainer und nur ein geringes Startkapital. Die letzte zu betrachtende Kraft ist die Rivalität der Wettbewerber. Zu Wettbewerber für Freeletics lassen sich bspw. sowohl andere Fitnessapps als auch Influencer, die sich mit dem Bereich Fitness beschäftigen zählen.

In beiden Kategorien lassen sich zahlreiche Alternativen finden, sodass auch diese Kraft mit rot einzustufen ist. Zusammenfassend lässt sich das Unternehmen Freeletics nach Analyse anhand des Five-Forces-Modells mit einer grünen und vier roten Bewertungen insgesamt als wettbewerbsschwach einstufen.

2.2 Durchführung einer SWOT-Analyse

Bei der Durchführung einer SWOT-Analyse (S=Strength, W=Weaknesses, O=Opportunities, T=Threats; Kotler, Keller & Opresnik, 2015, S.62 f.), in diesem Fall für das Unternehmen Freeletics, geht es darum anhand der Stärken und Schwächen des Unternehmens im Bezug auf die Chancen und Risiken des Marktes festzustellen ob und in welchem Maße die anzuwendende Marketingstrategie bei den vorliegenden Umweltfaktoren durchführbar ist (Inventool, 2014). Sie besteht aus insgesamt drei Teilschritten: der erste Schritt ist die interne Ressourcenanalyse, in der Stärken und Schwächen festgestellt werden. Im zweiten Teilschritt geht es um die externe Analyse der Umweltfaktoren (Chancen und Risiken) und im dritten Schritt geht es um die Erstellung einer SWOT-Matrix. Schritt 1 und 2 werden folgend tabellarisch dargestellt, Teil 3 erfolgt in Aufgabe 2.3.

Tabelle 1: SWOT-Analyse am Beispiel Freeletics (eigene Darstellung)

SWOT-Analyse			
interne Analyse (Ressourcenanalyse)		externe Analyse (Analyse der Unternehmensumwelt)	
Stärken (Strength)	Hoher Bekanntheitsgrad: Die Freeletics App der Freeletics GmbH wies 2019 34 Millionen Nutzer aus über 160 Ländern auf (Schnor, 2019), somit kann das Unternehmen einen hohen Bekanntheitsgrad vorweisen.	Chancen (Opportunities)	Steigende Digitalisierung: Der Gesamtindexwert der Digitalisierung in Deutschland lag im Jahr 2019 bei 67,6 und stieg somit von 2017 auf 2019 um 5 Punkte an (Opiela et al., 2019). Außerdem konnten bereits 2015 über 3 Milliarden Menschen von einem mobilen Internetzugang profitieren, 2020 sollten es bis zu 4,5 Milliarden Menschen sein (Busan, 2014).
	Produktportfolio: Die Freeletics GmbH deckt mit ihrem Angebot zahlreiche Felder des Fitnessmarktes ab. Bei der Freeletics App liegt der Schwerpunkt auf funktionellem Training und kurzen HIIT-Workouts. Freeletics Running konzentriert sich auf personalisiertes Lauftraining ebenfalls durch die HIIT Methode. Freeletics Gym bietet einen Einstieg und unterstützt beim Langhanteltraining und	Steigender Fitnessmarkt: Im Jahr 2018 wuchs der Fitnessmarkt um 4,5% im Vergleich zum Vorjahr, der Gesamtumsatz stieg von bereits 5,33 Milliarden im Vorjahr nochmals um 2,5%, die Gesamtzahl der Fitnessanlagen stieg ebenfalls um 3,9% (Deloitte., 2019).

SWOT-Analyse	
interne Analyse (Ressourcenanalyse)	externe Analyse (Analyse der Unternehmensumwelt)

	Freeletics Nutrition soll beim „Clean Eating" unterstützen. Zusätzlich bietet die Freeletics GmbH mit ihrer eigenen Bekleidungslinie Freeletics Wear qualitative Sportkleidung und Equipment. (Freeletics GmbH, 2019)		
	Handhabung der Produkte: Die verschiedenen Apps der Freeletics GmbH lassen sich bei bestehender Internetverbindung schnell auf jeglichem Smartphone oder Tablet mit entsprechendem App-Store installieren. Anschließend lässt sich das Training ortsunabhängig ausführen (Guth, 2019).		Akzeptanz der Fitnessapps: Laut einer Studie nutzen 23% der 437 Befragten zwischen 18-69 Jahre täglich Sport- und Fitness-Apps, 37% nutzten diese mehrmals pro Woche, 18% 1 mal pro Woche, 8% 2-3 mal pro Monat, 4% 1 mal pro Monat und 10% seltener (Kunst, 2019).
	Community: Alle Nutzer von Freeletics können sich mithilfe der App vernetzen, gegenseitig motivieren und duellieren oder zu „realen" Gruppenworkouts verabreden (Heinzerling, 2014).		
	Zeitaufwand: Die Workouts der Freeletics Apps dauern zwischen 5 und 45 Minuten (heute.at, 2014).		
Schwächen (Weaknesses)	Fehlende persönliche Betreuung: Durch das ausschließliche Arbeiten mit Trainingsvideos kann es bei Unerfahrenen schnell zu falschen Ausführungen der Übungen und somit auch zu Schmerzen und Verletzungen kommen (Heinzerling, 2014).	Risiken (Threats)	Demografischer Wandel: Zwischen 1990 und 2018 änderte sich die Zahl der in Deutschland lebenden Menschen ab 67 Jahren von 10,4 Millionen auf 15,9 Millionen, stieg also um 51,4%. Bis 2039 soll sie voraussichtlich weiter steigen und dann bei mindestens 21 Millionen liegen. Hingegen gab es im Jahr 2018 51,8 Millionen Menschen im Alter zwischen 20 und 66 Jahren, bis 2035 soll diese Anzahl um 4 bis 6 Millionen schrumpfen (Statistisches Bundesamt, 2020).
	Zielgruppe: Auch wenn die Trainingsprogramme nicht nur für eine bestimmte Zielgruppe ausgelegt ist, wird die ältere Generation durch die Methode und den Besitz eines mobilen Endgeräts als Voraussetzung der Durchführung weniger angesprochen.		Influencer: Es gibt zahlreiche Influencer, die auf Plattformen wie Instagram oder Youtube ihr Wissen über Fitness und Ernährung kostenlos zur Verfügung stellen. Einige Beispiele dafür sind: Pamela Reif, Jo Lindner oder Mirjam. Pamela Reif hat auf ihrem Instagram Profil 4,6 Millionen Follower (Instagram, 2020a) und auf ihrem zweiten Account, der sich ausschließlich um Ernährung dreht 308.000 Follower (Instagram, 2020b). Ihren Youtube Kanal, auf dem sie kurze Workout Videos veröffentlicht verfolgen sie 1,67 Millionen Abonnenten (Youtube, 2020a), ihr meistgeklicktes Video wurde über 23 Millionen Mal aufgerufen (Youtube,

SWOT-Analyse	
interne Analyse (Ressourcenanalyse)	externe Analyse (Analyse der Unternehmensumwelt)
	2020b).
Intensität: Der Anspruch der Übungen ist sehr hoch, sie sind sehr komplex und die Intensität steigt schnell an. Die Trainingsintensität kombiniert mit dem vorhandenen Zeitdruck kann gerade Anfänger oder Ältere schnell überfordern (heute.at, 2014).	Steigende Attraktivität der Fitnessstudios: Laut DSSV (2019) steigt gerade die Anzahl der Mitglieder in herkömmlichen Fitnessstudios, in Kettenbetrieben stetig an. Im Jahr 2019 konnten die Kettenstudios 5,65 Millionen Mitglieder zählen, Einzelstudios nur 4,82 Millionen und Mikrostudios 0,62 Millionen. Im Jahr 2014 hingegen waren es in Kettenbetrieben nur 3,74 Millionen, in Einzelbetrieben 4,85 und in Mikrostudios 0,48.
Fehlender Gesundheitsaspekt: Bei den Apps der Freeletics GmbH gibt es vorab keine Anamnese, in der gesundheitliche Einschränkungen oder Erkrankungen erfragt werden, man kann sofort mit dem Training starten. Durch diesen Mangel kann es schnell dazu kommen, dass Übungen im Training enthalten sind, die für diese Person eigentlich nicht zu empfehlen sind (Hahne, 2015)	Geringe Zahlungsbereitschaft für Online-Fitnessangebote: Laut einer Studie aus dem Jahr 2014 waren 68,5% der 845 Befragten nicht bereit Geld in Online-Fitnessangebote zu investieren, 20,1% konnten sich vorstellen bis zu 5€ zu investieren, 9,7% waren bereit bis zu 15€ zu investieren und nur 0,8% waren bereit bis zu 30€ zu investieren, sowie 0,9% bereit waren mehr als 30€ zu investieren (Statista Research Department, 2018).
Psychischer Druck: Während der Trainingsvideos läuft eine Uhr, die die Zeit messen soll, da es in den Apps darum geht das Workout schnellstmöglich zu absolvieren um möglichst viele Punkte zu sammeln. Durch die gesammelten Punkte steigt man in der Rangliste, auf der man sich mit Freunden und anderen aus der Community misst, auf. Die Trainierenden sind während des gesamten Trainings einem psychischen Druck ausgesetzt unter dem schnell die eigene Körperspannung und korrekte Ausführung leidet (Hahne, 2015).	Soziale Medien: Laut Statistiken werden soziale Medien immer beliebter und Teil des alltäglichen Lebens der Menschen. 59% der Befragten 14-29 Jährigen nutzten die Plattform Instagram mindestens wöchentlich, bei den 30-49 jährigen gaben 17% eine regelmäßige Nutzung an und bei den 50-69 jährigen waren es 5% (Rabe, 2019a). Laut einer anderen Studie von Rabe (2019b) liegt die regelmäßige Nutzung der App Instagram bei 38%, hingegen wird die Plattform Youtube von 65% der Befragten regelmäßig genutzt mit 1,9 Milliarden monatlich aktiven Nutzern und Facebook mit 2,27 Milliarden monatlich aktiven Nutzern wird von 84% der Befragten regelmäßig genutzt.

2.3 Erstellung einer SWOT-Matrix

Im dritten Schritt der in Aufgabe 2.2 erläuterten SWOT-Analyse geht es um die Verknüpfung der zuvor in Tab. 1 dargestellten Stärken und Schwächen des Unternehmens mit den Chancen und Risiken der Unternehmensumwelt. Diese Verknüpfung dient dazu zu sehen ob bestehende Chancen aufgrund der vorliegenden Schwächen des Unternehmens nicht genutzt werden können sowie welche Stärken es ermöglichen die bestehenden Chancen optimal zu nutzen. Darüber hinaus wird deutlich welche Schwächen in Verbindung mit den Risiken der Unternehmensumwelt zu einer Bedrohung werden können, aber auch welche Stärken genutzt werden sollten, um solche Bedrohungen zu vermeiden (Meffert, Burmann & Kirchgeorg, 2012).

Tabelle 2: SWOT-Matrix Freeletics GmbH (eigene Darstellung)

		Externe Analyse	
		Chancen (Opportunities)	Risiken (Threats)
		S-O-Strategien	S-T-Strategien
I **n** **t** **e** **r** **n** **e**	Stärken (Strength)	-hoher Bekanntheitsgrad + steigender Fitnessmarkt: Die bereits vorhandenen 34 Millionen Nutzer aus 160 Ländern sollen hinsichtlich des steigenden Fitnessmarktes so genutzt werden, dass eine Art Provisionsmodell für die Nutzer entwickelt wird. Bei diesem Provisionsmodell geht es darum, dass die bereits aktiven Nutzer die Apps über einen speziellen Link teilen können und sie für jeden, der sich über diesen Link anmeldet, das Angebot bspw. einen Monat lang gratis nutzen können oder zusätzliche exklusive Workouts und Rezepte freigeschaltet bekommen.	-hoher Bekanntheitsgrad + Influencer: Um die Influencer, die kostenlos Wissen über Fitness & Ernährung zur Verfügung stellen und ebenfalls kostenlos Workouts auf Plattformen wie Youtube veröffentlichen, nicht zur Bedrohung werden zu lassen, soll der hohe Bekanntheitsgrad der Freeletics GmbH genutzt werden um Kooperationen zu erlangen. Da die Freeletics Apps viele Nutzer aufweist, kann durch Kooperationen mit Influencern, die bspw. Workouts für die Freeletics Apps gestalten und dort als Coach fungieren, für sie profitabel sein. Die Nutzer von Freeletics können so auf die Influencer aufmerksam werden und ihnen in sozialen Medien folgen, wodurch die Influencer wieder mehr Reichweite und Geld bekommen können. Auf der anderen Seite sollen die Influencer gezielt von Freeletics berichten und es ihren Abonnenten vorstellen und ggf. über eine Rabattaktion diese dazu anregen sich bei Freeletics anzumelden.
A **N**		-Produktportfolio + steigender Fitnessmarkt: Freeletics kann mit seinen unterschiedlichen Produkten (Freeletics App, Freeletics Running, Freeletics Gym, Freeletics Nutrition, Freeletics Wear) bereits einen großen Teil der Angebote auf dem Fitnessmarkt abdecken. Da dieser weiter steigt und auch Freeletics weiter wachs-	-Community + steigende Attraktivität der Fitnessstudios: Damit die steigende Attraktivität der Fitnessstudios für die Freeletics GmbH nicht zur Bedrohung wird, sollen Kooperationen mit solchen eingegangen werden. Die Studios sollen an einem Tag in der Woche ihren Kursraum für die Freeletics

A		sen soll, kann durch Einführung bzw. Spezialisierung auf einen weiteren Trend wie bspw. Yoga der Marktanteil vergrößert werden und die Zielgruppe erweitert werden um noch mehr Nutzer zu akquirieren und mehr Umsatz zu generieren.	Community zur Verfügung stellen um bspw. bei schlechtem Wetter ihre Treffen zu Gruppentrainings trotzdem stattfinden zu lassen. Die Studios könnten dadurch profitieren, dass die Freeletics Mitglieder sich auch dort anmelden um bspw. das Freeletics Gym Angebot in dem Studio zu nutzen. Freeletics kann so den Zusammenhalt ihrer Community weiter stärken und die Aufmerksamkeit der Mitglieder des jeweiligen Studios auf sich ziehen und somit weiter Nutzer akquirieren.
L			
Y			
S		**W-O-Strategien**	**W-T-Strategien**
E	Schwächen (Weaknesses)	-Zielgruppe + steigender Fitnessmarkt: Durch das ausschließliche Online Angebot der Freeletics GmbH kann trotz des steigenden Fitnessmarkts ein Großteil des Marktes nicht abgeschöpft werden, da vielen Älteren, auch wenn sie über ein mobiles Endgerät verfügen und an Fitness und Gesundheit interessiert sind, Freeletics nicht bekannt ist. Die ältere Generation nutzt ihre Smartphones häufig nur zum telefonieren. Um diese Schwäche abzubauen soll Freeletics in ausgewählten Studios, in denen ein hohes Durchschnittsalter gegeben ist, einen exklusiven Kurs für die ältere Generation einführen und zusätzlich auf die mögliche Unterstützung durch ihre Apps hinweisen und die Nutzung dort ggf. erklären bzw. präsentieren.	Intensität + demografischer Wandel: Da in den nächsten Jahren das Durchschnittsalter der Bevölkerung aufgrund des demografischen Wandels steigen wird, soll Freeletics ein spezielles Trainingsangebot für Ältere entwickeln. Dabei sollte die Intensität nicht zu hoch sein und der Umfang bzw. Anspruch der enthaltenen Übungen an das Alter angepasst sein. Somit kann vermieden werden, dass die Nutzerzahl von Freeletics mit Voranschreiten der Zeit und Zunahme des Durchschnittsalters schrumpft.
		-fehlender Gesundheitsaspekt + steigende Akzeptanz der Fitness-Apps: Damit die Freeletics Apps von der steigenden Akzeptanz von Fitness-Apps profitieren kann, soll diese mehr Wert auf den Gesundheitsaspekt legen. Nach Installation der Apps sollen die Nutzer einige Fragen beantworten um eine Art Anamnesebogen auszufüllen, um vorhandene Erkrankungen oder orthopädische Einschränkungen und den aktuellen Fitnessstand zu protokollieren. Anhand dieser Anamnese sollen die Workouts gezielt und individuell ausgewählt werden, um Übungen, die der Nutzer nicht, nur eingeschränkt oder sogar nur unter Schmerzen ausführen kann zu vermeiden. Dadurch wird größtenteils vermieden, dass es nach Nutzung der Apps zu Verletzungen oder Schmerzen kommt und so wird die positive Kommunikation über Freeletics in der Öffentlichkeit gesteigert.	- fehlende persönliche Betreuung + steigende Attraktivität der Fitnessstudios: Damit die steigende Attraktivität der Fitnessstudios nicht zur Bedrohung für Freeletics aufgrund ihrer fehlenden persönlichen Betreuung wird soll folgende Strategie durchgesetzt werden: Freeletics veranstaltet gerade in Großstädten einmal wöchentlich ein offizielles „Gruppenworkout" mit mehreren geschulten Trainern, die das Training leiten, korrigieren und motivieren. Anschließend stehen sie noch für den Austausch zur Verfügung, so haben die Nutzer die Möglichkeit ihr Fragen zu bestimmten Übungen oder Workouts zu klären. In kleineren Städten erfolgt dies in Kooperation mit Fitnessstudios, wo die angestellten Trainer gezielt über das Angebot von Freeletics informiert werden, damit wenn vor Ort jemand fragen zum Training hat, diese beantwortet werden können und sie Hilfestellung leisten können

11/22

2.4 BCG-Portfolio und Produktlebenszyklus

Bei der BCG-Portfolioanalyse geht es darum, die Position verschiedener Analyseobjekte in einer zweidimensionalen 4-Felder-Matrix darzustellen und daraus Normstrategien abzuleiten, damit die Stärken eines Unternehmens ideal eingesetzt werden & die attraktiven Geschäftsmöglichkeiten genutzt werden (Kotler et al., 2011). In der Matrix werden die strategischen Geschäftseinheiten anhand ihres relativen Marktanteils und des Marktwachstums zugeordnet (Weis, 2012), anschließend wird sie in 4 Felder unterteilt. Bei den 4 Feldern handelt es sich um Question Marks, die das Feld des niedrigen Marktanteils in schnell wachsenden Märkten beschreiben, Poor Dogs, dabei handelt es sich um einen geringen Marktanteil in langsam oder nicht mehr wachsenden Märkten, sie bringen keine Gewinne mehr ein aber verursachen auch keine Verluste, Cash Cows, diese haben einen hohen Marktanteil, der Markt verzeichnet aber nur einen geringes Wachstum und bei den Stars handelt es sich um einen hohen Marktanteil bei einem hohen Marktwachstum (Kotler et al., 2007). Fitness-Apps im Allgemeinen lassen sich im BCG-Portfolio im Bereich der Questionmarks einordnen. Laut Rabe (2020) gehören 3,85% der im Appstore zu findenden Apps zur Kategorie Gesundheit & Fitness, dies ist ein geringer Marktanteil. Allerdings kann sowohl der Fitnessmarkt, wie in Tab. 1 beschrieben, mit hohem Wachstum rechnen, als auch Apps erhöhen ihren Umsatz laut Prognosen in den nächsten vier Jahren von 73 Mio.€ auf 90 Mio.€ (Statista, 2020). Der Umsatz der Fitness-Apps stieg von 2017 mit 386 Mio. € bis 2020 auf 460 Mio. € und soll bis 2024 auf 506 Mio. € ansteigen. Der Produktlebenszyklus beschreibt den Entwicklungsweg eines Produkts von der Einführung in den Markt bis zum Marktaustritt, er besteht aus 4-6 Phasen (Nieschlag et al., 1997). Betrachtet man das Unternehmen Freeletics hinsichtlich des Produktlebenszyklus lässt sich feststellen, dass es sich, nach bereits Durchlaufen der Entwicklungs- und Einführungsphase, in der sog. Wachstumsphase befindet. Die Nachfrage steigt weiter an, wie in Tab. 1 beschrieben, wodurch das Unternehmen immer mehr Umsatz erwirtschaftet, was typisch für die Wachstumsphase ist (Weis, 2012). Außerdem führte Freeletics bereits erste Produktvariationen wie bspw. Freeletics Gym (s. Tab. 1, Stärken) ein, was nach Weis (2012) ebenfalls typisch für die Wachstumsphase ist. Bei Freeletics gab es aufgrund ihres Produktes keine hohen Investitionen für Forschung und Entwicklung, wie es für die Entwicklungsphase eigentlich typisch ist (Kotler et al., 2015). Sie brauchten nur geringes Eigenkapital und hatten schnell viele Investoren, sodass der Break-Even-Point schnell erreicht werden konnte, anders als es typisch ist für die Einführungsphase (Kotler et al., 2015).

2.5 Fazit

Als Leiter der Abteilung „Unternehmensentwicklung" komme ich nach umfangreicher Analyse des Unternehmens Freeletics GmbH zu dem Schluss, dass es für unsere Fitnesskette durchaus sinnvoll ist, in die Entwicklung einer Fitness App zu investieren. Wie bereits in Tab. 1 beschrieben wächst der Fitnessmarkt, die Digitalisierung nimmt weiter zu und die Akzeptanz der Fitness Apps steigt ebenfalls an. Da sich unsere Zielgruppe eher als jung und technikaffin beschreiben lässt ist davon auszugehen, dass alle ein Smartphone besitzen und dieses bedienen können. Die App sollte so gestalten sein, dass sie den Mitgliedern als Unterstützung zum Training im Studio dient, damit sie weiterhin in unserem Studio angemeldet bleiben. Mit der App als Unterstützung lassen sich die bei Freeletics angemerkten Schwächen der fehlenden persönlichen Betreuung und des fehlenden Gesundheitsaspekts (siehe Tab. 1) vermeiden, da diese durch den Besuch unseres Studios gewährleistet werden. Die Anamnese sollte weiterhin im Studio stattfinden, um sie so detailliert wie möglich zu gestalten und folgend auch die App von Anfang an qualitativ hochwertig zu erschaffen, sodass auf die Anamnese Rücksicht genommen wird. So wird garantiert, dass es durch die Nutzung der App nicht zu Verletzungen o.Ä. wie bei Freeletics kommen kann und sie eine gute Unterstützung für die Mitglieder ist. Das hat außerdem zur Folge, dass die positive Mundpropaganda steigt und die Fitnesskette durch die App als USP von erhöhter Markterschließung profitieren kann.

3 Corporate Identity, Digitalisierung und integrierte Kommunikation

3.1 Analyse eines Best-Practice-Beispiels

3.1.1 Corporate Identity

Unter Corporate Identity (CI) versteht man insgesamt die strategisch geplante und operativ eingesetzte Selbstdarstellung und Verhaltensweise eines Unternehmens nach Innen und Außen (Birkigt &Stadler, 2002). Dabei passen die Erscheinung, die Worte und die Taten eines Unternehmens zueinander (Bruhn, 2008) und dienen dazu in der Öffentlichkeit ein positives Bild des Unternehmens zu schaffen (Weis, 2012) und sich erkenntlich von der Konkurrenz abzugrenzen. Die Corporate Identity orientiert sich am Leitbild eines Unternehmens, wodurch die Vision konkretisiert und die Grundsätze, Ziele und

Werte des Unternehmens festgelegt werden (Camphausen, 2007). Außerdem wird so der Rahmen, an dem sich alle Kommunikationsinstrumente und –prozesse orientieren, festgelegt (Homburg, 2012). Die CI lässt sich nach Becker (2013) in drei Teilbereiche einteilen: Corporate Design, Corporate Communication und Corporate Behaviour.

Es gibt verschiedene Gründe für eine Neuausrichtung der CI, die sowohl interne als auch externe Auswirkungen haben können (Herbst, 2012 & Kroehl, 2000). Ein Grund mit externer Auswirkung ist die Steigerung des wirtschaftlichen Erfolgs, wobei das Unternehmen versucht sich in einem schnell wachsenden Markt zu behaupten und durch die neue CI eine starke Positionierung und einen hohen Wiedererkennungswert anstrebt. Ebenfalls externe Auswirkungen hat die Durchsetzung der Unternehmsinteressen, wobei durch die Neuschaffung der CI erhöhtes Vertrauen und Glaubwürdigkeit geschaffen werden soll um bspw. neue Mitarbeiter zu generieren. Darüber hinaus kann eine neue CI als Orientierungshilfe für die Mitarbeiter dienen um ein eindeutiges Bild vom Unternehmen zu schaffen und durch die Zustimmung der Mitarbeiter ein gemeinsames Wertebild zu vertreten, dies hat dann interne Auswirkungen. Ebenfalls interne Auswirkungen hat der Grund der Produktivitätssteigerung, wobei sich die Mitarbeiter mit dem Unternehmen identifizieren sollen und ein Wir-Gefühl geschaffen werden soll.

An dem Unternehmensbeispiel FRoSTA lässt sich sehen in welcher Form sich eine Änderung der CI äußern kann. An erster Stelle lässt sich die Änderung der CI an dem Logo sehen, dieses wurde von 2000 bis heute 3 Mal überarbeitet, diese Änderung lässt sich dem Bereich des Corporate Designs zuordnen. Ein weiteres Anzeichen ist die Änderung des Slogans: Seit 2003 setzt das Unternehmen auf das „FRoSTA Reinheitsgebot", das für „Frische Zutaten, keine Zusätze und transparente Herkunft" steht. Dieser neue Slogan wird ab 2004 in ihren Werbespots verwendet und erläutert. Die zuvor beschriebene Veränderung lässt sich der Corporate Communication zuordnen. Ein letztes Anzeichen der CI Änderung, diesmal im Bereich von Corporate Behaviour, ist die Möglichkeit, dass die Kunden seit 2007 auf der Homepage von FRoSTA alle Produkte bewerten und kommentieren können, dies zeigt die Kritikfähigkeit des Unternehmens.

3.1.2 Digitalisierung und integrierte Kommunikation

Unter integrierter Kommunikation versteht man nach Esch (2019) die Abstimmung aller Maßnahmen, die zur Marktkommunikation genutzt werden. Dies geschieht sowohl inhaltlich als auch formal um dadurch einheitliche Eindrücke durch die Kommunikation zu erzielen und diese zu verstärken. Die dadurch erzielten Wirkungen sollen sich gegenseitig unterstützen. Am Unternehmensbeispiel FRoSTA kann man sehen, wie so eine integrierte Kommunikation sehr gut umgesetzt wird: nachdem sie sich im Jahr 2001 kritisch mit ihren Produkten auseinander setzten machten sie sich das „FRoSTA Reinheitsgebot" als Ziel. Dabei soll es sich um Fertiggerichte ohne Zusatzstoffe, mit transparenten Zutaten und Zutaten aus verantwortungsvollen Quellen gehen. Dieses Vorhaben setzten sie in den folgenden Jahren im ganzen Unternehmen durch. Als erstes wurden die Produkte überarbeitet, d.h. keine Geschmacksverstärker, keine Farbstoffe, keine künstlichen Aromen, als nächstes Überarbeiteten sie ihren Blog um zur offenen Diskussion über Ernährung mit den FRoSTA Mitarbeitern einzuladen. Darauf folgten die Möglichkeit zur Bewertung und Kommentation der Produkte auf ihrer Internetseite und die freiwillige Einführung der Lebensmittelampel. Das alles vertritt das zuvor gesetzte Ziel der Reinheit, und bietet sehr viel Transparenz gegenüber der Endverbraucher. Anschließend stellten sie das Unternehmen auf Grünstrom um und setzten auf nachhaltige Verpackung, außerdem gaben sie den Verbrauchern durch den Zutatentracker wieder eine gewisse Transparenz und die Möglichkeit sich Informationen zu verschaffen. Auch das anschließende Einführen einer gläsernen Front in der Produktion unterstützt die Transparenz und die Wirkung, dass sie nichts zu verbergen haben. Insgesamt arbeiten sie sehr nachhaltig und transparent und kommunizieren dies auch klar nach außen über alle Kanäle. Bei der integrierten Kommunikation kommt es durch die voranschreitende Digitalisierung zu neuen Herausforderungen für die Unternehmen. Im Internet, durch mobile Endgeräte und soziale Medien wird der Endverbraucher mit Informationen überflutet und kann sich jederzeit zu jeglichem Thema Informationen beschaffen. Dies bietet dem Endverbraucher außerdem die Möglichkeit die Produkte eines Unternehmens ohne großen Aufwand mit denen der vorhandenen Konkurrenten zu vergleichen und so für sich das beste Produkt auszuwählen. Dadurch ist es für die Unternehmen noch wichtiger viel Wert auf die integrierte Kommunikation zu legen, allerdings ist es auch herausfordernd, da über die neu erschaffenen Kanäle nicht immer dieselbe Zielgruppe erreicht wird. Sollte FRoSTA ihre digitale Kommunikationsstrategie wie beschrieben ändern, könnten sie durch die Differenzierung davon profitieren, für eine breitere Zielgruppe attraktiv zu sein, dadurch ihren Marktanteil zu erhöhen und mehr Umsatz zu generieren. Ein großes Problem dieser Änderung liegt allerdings darin, dass wie in Tab. 1 beschrieben ist auch immer mehr der älteren Generation auf sozialen Medien, besonders Facebook aktiv werden. Kommt es dann dazu, dass die ältere Generation das Unternehmen FRoSTA sowohl auf ihrer Internetseite als auch in sozialen Medien wahrnimmt, dort aber anders präsentiert werden, kann es zu Vertrauensverlust und zu einer geringen Glaubwürdigkeit kommen, wodurch FRoSTA weniger Umsatz machen würden.

3.2 Kommunikationsstrategie

„SUPPmart" sollte die Idee meines Chefs, den Kunden möglichst viele Informationen in Form von klaren Fakten zu liefern, in dem Rahmen nicht durchsetzen. An dem Beispiel des Unternehmens FRoSTA sieht man, dass es nach ihrer Neueinführung der Produkte in neuer Qualität, ohne Zusatzstoffe im Jahr 2003 zu einem Umsatzeinbruch kam, sie hatten das schlechteste Unternehmensjahr der Firmengeschichte. Daran kann man sehen, dass es nicht ausreicht qualitativ hochwertige Produkte zu haben und diese Fakten auch an den Endverbraucher weiterzuleiten. Ein wichtiger Punkt, der dort und auch bei der Idee meines Chefs vergessen wurde ist die erhebliche Wichtigkeit des Storytellings im Bereich des Content Marketings bei der digitalen Kommunikation (Lammenett, 2017). Durch das Storytelling bleiben Produkte bzw. Unternehmen durch das Erzeugen von Bildern, Emotionen und eventueller Unterstützung durch die Visualisierung mittels Videos länger im Gedächtnis. Darüber hinaus werden sie durch das Erzeugen von emotionalen Inhalten laut Lammenett (2017) häufiger weiterempfohlen oder in den sozialen Medien verbreitet. An dem Unternehmen FRoSTA kann man ab dem Jahr 2004 sehen, wie es durch weitere Maßnahmen wie z.B. den neuen Werbespot, die Lebensmittel-Ampel und die transparente Scheibe in der Produktionsstätte, wie sie mit Hilfe von Visualisierung und Storytelling, zurück zum Erfolg kehren konnten und ihren Umsatz deutlich erhöhen konnten.

4 Marktfeldstrategien

Die Produkt-Markt-Matrix nach Ansoff liefert vier Basisstrategien für das Verhalten eines Unternehmens im Markt. Die vier Strategien sind: Marktdurchdringung, Marktentwicklung, Produktentwicklung und Diversifikation (Meffert et al., 2015). Nutzt ein Unternehmen die Strategie der Marktdurchdringung versucht es mit bestehenden Produkten auf bestehenden Märkten ihren Marktanteil auszuweiten und das Marktvolumen zu vergrößern (Nieschlag et al., 2002). Bei der Marktentwicklung sollen mit bestehenden Produkten neue Märkte erschlossen werden (Kotler & Bliemel, 2006), bei der Produktentwicklung hingegen sollen neue Produkte auf bestehenden Märkten eingeführt werden (Meffert et al., 2015). Bei der letzten Strategie, die Diversifikation, geht es darum mit neuen Produkten für ein Unternehmen neue Märkte zu erschließen. Man unterscheidet dabei die horizontale, vertikale und laterale Diversifikation (Weis, 2012).

Angenommen das Unternehmen „SUPPmart" möchte ihr Vorhaben der Expansion mithilfe der Marktdurchdringungsstrategie durchsetzen, so könnten sie bspw. ihre Werbung und Kommunikation verstärken. Aufgrund der voranschreitenden Digitalisierung, wie bereits in Tab. 1 beschrieben, wäre es eine Maßnahme, das Unternehmen und seine Produkte in den sozialen Netzwerken zu präsentieren, damit so vermehrt auch die jüngere und fitnessaffine Generation erreicht & so die Anzahl der Abnehmer vergrößert wird. Bei Anwendung der Marktentwicklungsstrategie würde „SUPPmart" bspw. neue Distributionswege nutzen. Sie würden dann ihre Produkte nicht mehr nur online vertreiben, sondern zusätzlich in einem Fachhandel oder einem Einzelhandel wie z.B. Rewe vertreiben. Würde das Unternehmen die Strategie der Produktentwicklung wählen würden sie ihr Sortiment um bspw. Proteinchips, gesundes Eis o.Ä. erweitern. Dabei ist es wichtig, dass die neuen Produkte als einzigartig, anders und spezifisch wahrgenommen werden. Bei der letzten Strategie, der Diversifikation muss man in drei unterschiedliche Strategien einteilen. Würde die vertikale Diversifikation genutzt werden könnte dies passieren indem ein Fachhandel aufgekauft wird und dieser genutzt wird um die Produkte zu vertreiben. Bei einer horizontalen Diversifikation würd das Unternehmen bspw. Sportkleidung oder Sportzubehör wie Trinkflaschen, Sporttaschen etc. in ihr Sortiment aufnehmen und bei der lateralen Diversifikation würden sie zusätzlich in die Produktion und den Vertrieb von Kugelschreibern einsteigen. Bei der lateralen Diversifikation gibt es kaum Synergiepotenzial (Meffert et al., 2015) aber es gibt nur eine geringe Abhängigkeit der einzelnen Märkte, sodass Schwankungen auf dem einen keine Auswirkungen auf den anderen Markt hätten (Weis, 1999).

5 Literaturverzeichnis

Bea, F.X. & Haas, J. (2013). *Strategisches Management* (Grundwissen der Ökonomik: Betriebswirtschaftslehre, 6., vollständig überarbeitete Aufl.). Stuttgart: Lucius & Lucius.

Becker, J. (2013). *Marketing-Konzeption. Grundlagen des ziel-strategischen und opera tiven Marketing-Managements* (10. Aufl.). München: Vahlen.

Birkigt, K. & Stadler, M.M. (Hrsg.). (2002). *Corporate Identity. Grundlagen, Funktionen, Fallbeispiele* (11., überarbeitete und aktualisierte Aufl.). München: Verlag Moderne Industrie.

Bruhn, M. (2005). *Unternehmens- und Marketingkommunikation. Handbuch für ein integriertes Kommunikationsmanagement.* München: Vahlen.

Camphausen, B. (2007). *Strategisches Management. Planung, Entscheidung, Controlling* (Lehrbuch, 12, 2., überarbeitete und erw. Aufl.). München (u.a): Oldenbourg.

Deloitte (2019). *Der deutsche Fitnessmarkt 2019 – Weiter auf Wachstumskurs- und das Potenzial ist noch nicht ausgeschöpft.* Zugriff am 11.02.2020. Verfügbar unter https://www2.deloitte.com/de/de/pages/presse/contents/Der-deutsche-   Fit   nessmarkt-2019.html

Dunker, M. (2006). *Marketing* (Das @Kompendium, 2.Aufl.). Rinteln: Merkur.

DSSV (2019). *Eckdaten 2019 – Mitgliederentwicklung 2014-2018.* Zugriff am 11.02.2020. Verfügbar unter https://www.dssv.de/presse/statistik/deutscher-   fitnessmarkt/

Esch, F.-R. (2019). Aufbau starker Marken durch integrierte Kommunikation. In F.-R. Esch (Hrsg.), *Handbuch Markenführung* (S.909-938). Wiesbaden: Springer Gabler.

Freeletics GmbH (2019). *Freeletics Presskit.* Zugriff am 08.02.2020. Verfügbar unter https://www.freeletics.com/en/press/wp-   con   tent/uploads/sites/24/2019/03/Freeletics_PressKit_DE_v5_small.pdf

Guth, B. (2019). *Freeletics: Das Training mit dem eigenen Körpergewicht.* Zugriff am 09.02.2020.   Verfügbar   unter https://www.gesundheitstrends.com/a/fitness/freeletics-was-ist-das-5514

Hahne, D. (2015). *Freeletics Übungen – Eine kritische Betrachtung eines Fitness Trends.* Zugriff am 10.02.2020. Verfügbar unter https://fitvolution.de/freeletics/

Heinzerling, M. (2014). *Freeletics – Vorteile und Kritik*. Zugriff am 09.02.2020. Ver
  fügbar unter https://mheinzerling.de/blog/freeletics-vorteile-und-kritik/

Herbst, D. (2012). *Corporate Identity. Aufbau einer einzigartigen Unternehmensidenti
  tät* (5., aktualisierte und erw. Aufl.). Berlin: Cornelsen.

Heute.at. (2014). *Das kann der Workout-Trend Freeletics*. Zugriff am 10.02.2020. Ver
  fügbar   unter   https://www.heute.at/s/das-kann-der-workout-trend-freeletics-
  22053336

Homburg, C. (2012). *Marketingmanagement. Strategie – Instrumente – Umsetzung –
  Unternehmensführung* (4., überarbeitete u. erw. Aufl. 2012). Wiesbaden: Springer Gabler.

Instagram   (2020a).   *Pamela_rf.*   Zugriff   am   11.02.2020.   Verfügbar   unter
  https://www.instagram.com/pamela_rf/?hl=de

Instagram   (2020b).   *Pamgoesnuts.*   Zugriff   am   11.02.2020.   Verfügbar   unter
  https://www.instagram.com/pamgoesnuts/?hl=de

Inventool.   (2014).   *SWOT-Analyse.*   Zugriff   am   05.02.2020.   Verfügbar   unter
  https://www.cio.de/i/detail/artikel/2967731/2/677534/EL_mediaN100ED/

Kotler, P., Armstrong, G., Saunders, J. & Wong, V. (2007). *Grundlagen des Marketing*
  (4., aktualisierte Aufl.). München: Pearson.

Kotler, P., Armstrong, G., Saunders, J., & Wong, V. (2011). *Grundlagen des Marketing*
  (5., aktual. Aufl.). München: Pearson Studium.

Kotler, P. & Bliemel, F. (2006). *Marketing-Management. Analyse, Planung und Ver-
  wirklichung* (10., überarbeitete und aktualisierte Aufl.). München: Pearson Stu
  dium.

Kotler, P., Keller, K.L. & Opresnik, M.O. (2015). *Marketing-Management. Konzepte –
  Instrumente – Unternehmensfallstudien* (Pearson Studium – Economic BWL,
  14., aktualisierte Auflage). Halbergmoos: Pearson.

Kroehl, H. (2000). *Corporate Identity als Erfolgsfaktor im 21. Jahrhundert*. München:
  Vahlen.

Kunst, A. (2019). *Häufigkeit der Nutzung von Sport- und Fitness-Apps in Deutschland
  2018.*   Zugriff   am   11.02.2020.   Verfügbar   unter
  https://de.statista.com/statistik/daten/studie/597394/umfrage/nutzung-von-sport-
  und-fitness-apps-in-deutschland-haeufigkeit/

Lammenett, E. (2017). *Praxiswissen Online- Marketing. Affiliate- und E-Mail-   Mar
  keting, Suchmaschinenmarketing, Online-Werbung, Social Media, Facebook-
  Werbung* (6. Auflage). Wiesbaden: Springer Fachmedien.

Meffert, H., Burmann, C. & Kirchgeorg, M. (2012). *Marketing. Grundlagen marktorientierter Unternehmensführung.* Wiesbaden: Gabler Verlag.

Meffert, H., Burmann, C., Kirchgeorg, M. (Hrsg.). (2015). *Marketing. Grundlagen marktorientierter Unternehmensführung Konzepte – Instrumente – Praxisbeispiele* (12. Überarbeitete u. aktualisierte Aufl. 2014). Wiesbaden: Springer Gabler.

Nieschlag, R., Dichtl, E. & Hörschgen, H. (1997). *Marketing* (18., durchgesehene Aufl.). Berlin: Duncker & Humblot.

Nieschlag, R., Dichtl, E. & Hörschgen, H. (2002). *Marketing* (19., überarbeitete und ergänzte Aufl.). Berlin: Duncker & Humblot.

Opiela, N., Tiemann, J., Gumz, J.-D., Goldacker, G., Thapa, B., Weber, Dr. M. (2019). *Deutschland-Index der Digitalisierung 2019.* Berlin: Kompetenzzentrum Öffentliche IT

Porter, M.E. (2000). *Wettbewerbsvorteile. Spitzenleistungen erreichen und behaupten* (6.Aufl.). Frankfurt: Campus.

Rabe, L. (2019a). *Anteil der Nutzer von Social-Media-Plattformen nach Alter in 2019.* Zugriff am 11.02.2020. Verfügbar unter https://de.statista.com/statistik/daten/studie/543605/umfrage/verteilung-der-nutzer-von-social-media-plattformen-nach-altersgruppen-in-deutschland/

Rabe, L. (2019b). *Größte soziale Netzwerke nach Anzahl der Nutzer weltweit 2019.* Zugriff am 11.02.2020. Verfügbar unter https://de.statista.com/statistik/daten/studie/181086/umfrage/die-weltweit-groessten-social-networks-nach-anzahl-der-user/

Rabe, L. (2020). *Kategorien im App Store nach Anzahl der Apps im Februar 2020.* Zugriff am 12.02.2020. Verfügbar unter https://de.statista.com/statistik/daten/studie/217342/umfrage/beliebteste- kategorien-im-app-store-nach-anzahl-der-apps/

Schnor, P. (2019). *„Freeletics wird 2019 keinen Gewinn mehr machen.".* Zugriff am 08.02.2020. Verfügbar unter https://www.gruenderszene.de/business/freeletics-geschaeftszahlen-2017?interstitial

Statista (2020). *Apps – Deutschland.* Zugriff am 12.02.2020. Verfügbar unter https://de.statista.com/outlook/318/137/apps/deutschland

Statista (2020). *Fitness – Deutschland.* Zugriff am 12.02.2020. Verfügbar unter https://de.statista.com/outlook/313/137/fitness/deutschland

Statista Research Department (2018). *Wie hoch ist Deine Zahlungsbereitschaft für On line-Fitnessangebote?* Zugriff am 11.02.2020. Verfügbar unter https://de.statista.com/statistik/daten/studie/472782/umfrage/zahlungsbereitschaf t-fuer-online-fitness-in-deutschland/

Statistisches Bundesamt (Destatis) (2020). *Demografischer Wandel.* Zugriff am 11.02.2020. Verfügbar unter https://www.destatis.de/DE/Themen/Querschnitt/Demografischer-Wan del/_inhalt.html

Weis, H.C. (1999). *Marketing* (11., überarbeitete und aktualisierte Aufl.). Ludwigshafen (Rhein): Kiehl.

Weis, H.C. (2012). *Marketing* (Kompendium der praktischen Betriebswirtschaft, 16., verbesserte und aktualisierte Auflage). Herne, Westf: NWB.

Youtube (2020a). *Pamela Reif.* Zugriff am 11.02.2020. Verfügbar unter https://www.youtube.com/user/PamelaRf1/featured

Youtube (2020b). *10 MIN SIXPACK WORKOUT // No Equipment | Pamela Reif.* Zugriff am 11.02.2020. Verfügbar unter https://www.youtube.com/watch?v=Q-vuR4PJh2c

6   Tabellenverzeichnis